NATTETANKER

Digtsamling af

Kjeld Erik Schaub

Kolofon

© 2020 - Kjeld Erik Schaub

Titel: Nattetanker

Tegning: Sten Tulinius,

Layout: Hjørdi Winther Christensen

Forlag: Books on Demand GmbH, København, Danmark 2020

Tryk: Books on Demand GmbH, Nordenstedt Tyskland

ISBN: 978-87-4302-830-7

Forord

De foreliggende digte har været undervejs i mange år.

Dette er et lille udvalg af mange hundrede digte.

Jeg har et muntert sind med mørke undertoner.

Håber digtene bliver modtaget

med åbne øjne og sanser.

Kjeld Erik Schaub

Indhold

MIT LIV

Jeg er født et sted
på en mærkelig jord,
hvor sorgen og glæden
er voldsom og stor.

Jeg er født med en trang
til at drømme om alt.
Når jeg vågner engang
har jeg kun levet halvt.

Hvorfor forstår jeg ikke livet?
Hvad er det? - det at være til!
En skabelsesproces uden mening,
et lille tilfældigt spil.

Jeg har levet engang,
men jeg ved ikke hvor,
når jeg vågner af min dvale
er det efterår?

Og folk vil spørge,
hvad jeg har bedrevet,
jeg svarer - med en tåre på kinden,
at jeg aldrig har levet.

AFSKED

Som tusinde stråler der skinner
ser jeg dit ansigt i dag.
Fuldt af glæde og varme
langt fra al bitter nag.

Som en silhuet mod himlen
ser jeg din klare profil.
Fornemmer din glæde ved livet
- åh du har let til smil

Når jeg ser ind i dine øjne
bliver jeg så fuld af gru.
For jeg ved tiden er inde,
hvor vi skal skilles for evigt, du.

Så derfor må jeg i dag
helt stille og uden ord
gå langt bort uden tid og sted
og glemme de kendte spor!

JEG HUSKER

Husker du skoven ved Brügge,
de lange lune sommeraftener,
hvor vi sammen gik og nød
naturens besættende fred.
Den tid kommer aldrig tilbage,
den er for evigt død.

Men i erindringen som et minde
jeg tit genopvækker
ser jeg det i dag helt klart:
Vores forelskelse
var fra begyndelsen dømt til at dø.

Du skal ikke være bitter,
skoven ved Brügge
er der stadig lyslevende.
Den har set så mange elskovs par,
men ingen med så håbløs
en fremtid som vor.

HVORFOR GIK DU?

Mit hjerte må bestandig græde,
min sjæl døde i går.
Du forsvandt som den flagrende vind.
Der er ting jeg ikke forstår.

Tåren rinder på min askegrå kind,
jeg er ældet på et sekund.
Hvorfor gik du? Jeg får intet svar -
var lykken mig ikke forundt.

Jeg gjorde alt hvad jeg kunne
sammen skulle vi leve livet.
Alligevel gik du fra mig.
Måske tog jeg alting for givet?

Håbløshedens smerte nager
mere end sorgen forstår.
Rejs dig smerte og hjælp mig,
du smertede ikke i går.

ALDRIG

Bag den fortættede rude
sidder jeg ensomt hver dag
og venter på en derude,
der gør mig ydmyg og svag

Du loved` at komme tilbage
så hastigt som hjertets slag.
Ensomt har jeg ventet mange dage,
- men jeg bærer ikke nag.

For jeg har gemt i mit hjerte
mindet om vor lyse vår.
Selv om det volder mig smerte,
lidt trøst i den jeg får.

At vente på den eneste ene
i al jordisk evighed,
- det er en straf, der alene
er større end ensomhed.

DET EVIG TILBAGEVENDENDE

Forårets mildhed
solens første varmende stråler,
træerne der står i knop,
dyrenes spirende liv
giver mig fred i sjælen,
som jeg tager til mig som næring,
på det lever jeg resten af året.
Tak forår!

TO

Vi som er to
er aldrig alene,
vore hjerter er tunge,
som var de af stene.

Alting er skønt,
når du er mig nær -
du er som en stjerne
af himlens lysende hær.

Vi blev født som en,
men nu er vi to
i al evighed,
elskede, vil jeg være dig tro.

ROSEN

Når jeg går i naturen og møder dig,
bliver jeg så lykkelig glad.
Du står der så smukt og smiler,
jeg kærtegner ømt dit blad.

Du nikker vemodigt,
din skønhed er stor, din lige findes ej,
hvis du var en kvinde,
så tror jeg, at du var kvinden for mig.

JEG VENTER PÅ DIT SVAR

Mørket er så lyst
og min sjæl er så sort,
jeg er en splittet natur,
jeg ønsker at leve, jeg ønsker at dø,
alt vil jeg. - Hvorfor?

Da du svigtede mig elskede,
lo jeg hjerteskærende.
Jeg elsker at pine mig selv, at lide.
Hvad er meningen med livet,
alt er så forkert, så modsat.

Himmel! Giv mig et lys,
så jeg kan finde vej gennem mørket,
finde vej igennem min mørke sjæl
mit forpinte sind.

Du jordens skaber, som gav mig liv,
forklar mig meningen med livet -
med døden, med alt der angår skabelsen.

Forklar mig hvorfor mennesket skal lide,
hvorfor alt godt falder sammen til ingenting.
Fortæl hvorfor folk skal kriges
dø, tilintetgøres og bringe sorg.

Er selve livet på jorden en skærsild,
prøvelsen, før alle jordiske skabninger
skal stedes til regnskab
foran din domstol.

Er det meningen?
Giv mig et svar.
Jeg venter - forhåbningsfuldt.
Jeg venter på forklarelse og frelse.
Jeg venter på din dom
og bøjer hovedet i ydmyghed.

JEG VED!

Hvor skønt at være en stjerne
på himlens dejlige blå
kun omgivet af en lykke,
hvor ingen ondskab kan nå.

Altid at være i himlen
og være usigelig god
drømme om evig troskab
og drikke af skyernes flod.

Det ønske har jeg i hjertet
og det vil jeg aldrig glemme,
jeg ved det er i himlen,
jeg engang har hjemme.

HVILE

Jeg kender et sted på jorden
hvor mit legeme kan hvile i fred -
det er i de store skove

Der går jeg tit i aftenstunden
alene, - men dog sammen med mange.
Skoven er fuld af liv.
Mine øjne elsker solens sidste farveglød,
der går ned bag stammerne i vest.
Alt ånder fred. Skoven er menneskets fristed.
Her får man helse for dagens besvær.

Når jeg dør engang
vil jeg begraves i skoven
under træernes kroner
og blive til muld og ét med
den levende skov.

FORKLARELSE

Bølgerne skyller op langs stranden,
månen hænger på himlen,
mørket, det evige, omslutter
træernes skønhed.
Alt er mystisk og uforklarligt. -

Denne nat er min skæbnens time.
Nu har jeg kræfter til
at lære mig selv at kende
at udforske mit sinds mange kroge,
se med helt nye øjne
på mit forspildte liv.

DIG

Den stille stjerne der fødtes af natten
står i funklende lys.
Duggens tysthed, den milde luft
omfavner mig som et stille kærtegn,
nu har jeg kun et at vente
- din kærligheds regn.

DE EVIGT SØGENDE

Så stille som en stjerne på himlen
går du ved siden af mig på vejen,
altid tænksom, altid bedrøvet.
Du har aldrig fred, fortvivlelsens gråd
presser bestandig på.
Du er altid nær ved at græde,
uden ophør må du gå
det ukendte i møde.
Gid jeg kunne hjælpe dig,
men jeg er selv en søgende,
der aldrig kan få fred.
- Måske kan vi sammen gå
stille ved siden af hinanden
og fornemme øjeblikkets klarhed
før sorgens ubevidste tåre
blænder vore øjne
og alt igen bli`r uklart
for os - de evigt søgende.

KÆRLIGHED

To elskende går hånd i hånd
forenet af striber fra kærlighedsbånd.
To hjerter der sitrer af kærlighed
Strømme, der kommer fra noget ingen ved,
så tyst og stille ensomt i fred,
åh! skaber, gør dem aldrig fortræd.

TUNGSIND

At vågne en morgen
og gennemleve dagen
med trætte øjne og sanser
hører til min evige plagen.

Åh! hvor ville jeg gerne være som rosen,
der hænger på gren,
den lever i et kort nu
og dør, befriet og ren.

Eller som solen der skinner
hver dag på samme sted -
men jeg er kun menneske
skaber, giv min sjæl fred.

DET UBEVIDSTE

Min længsel er en længsel
som ingen helt kan forstå,
jeg længes efter en klode,
som jeg ikke tør træde på.

Jeg længes efter en verden,
hvor alle er lige på jord.
Jeg længes måske efter Paradis
jeg håber, jeg tror.

Men min sjæl er ikke så ren
jeg bli`r nok aldrig lukket derind.
Bestandig må jeg svæve udenfor
som en skælvende hvirvelvind

En dag får jeg måske lov
til at lande så let som et blad.
Da vil jeg love dig, du *Skaber*
da bli`r jeg virkelig glad.

AFSKED

Jeg giver dig mit hele hjerte
giv du mig lidt igen.
Jeg giver det uden smerte,
ræk mig din hånd, min ven.

Du gav mig ingen hånd,
du gav mig intet hjerte.
Nu brast forhåbningens bånd,
igen har jeg kun min smerte

DEN GOLDE KVINDE

Din sjæl er som en ituslået skål,
der aldrig kan heles.
Dit hjerte er som en sten,
der aldrig kan deles,
Du ufrugtbarhedens skønne kvinde,
hvis hjerte jeg aldrig kan vinde.

GOLD

Din glæde er tom og fattig din sang er uden ord.
Dit hjerte, der kunne være trofast og varmt,
banker kun for dig selv.

Du mangler evnen til at bruge ord på de rigtige steder.
Ser du da ikke andet end din egen tilfredshed.
Din død bliver ensom - Du er allerede alene.

Menneske - tø op og pust goldhedens flamme ud
og varm dig i skæret fra solens lys -
Der er endnu håb for dig og din ensomme sjæl.

NATTEN OG JEG

Træerne står nøgne mod natten
tavse, med indestængte skrig.
Jeg er alene - jeg græder,
når jeg går dem forbi.

Natten er mørk og truende,
livets mildhed er ej her.
Træerne venter den kommende vår,
når den kommer er jeg ej mer`.

SKILSMISSE

Hun sad alene i skumringen,
sådan som hun så ofte sad
og tænkte tilbage på den tid,
hvor hun altid var lykkelig og glad.

Det var så længe siden nu.
Men hun huskede det helt klart.
Det var en aftenstund som denne,
dengang var hun ikke helt så sart.

Han havde sagt,
at det måtte være forbi.
Han havde mødt en anden
en kvinde, som var ung og fri.

Hun havde rejst sig op og spurgt
med rolig og behersket stemme
om femten år da intet betød
- kunne man sådan glemme.

Han havde ikke givet hende svar
blot sagt hende tak for alt.
Tak for hendes ungdom - ja!
med den havde hun betalt -

Tre år var gået siden da,
hun følte sig kold og hård.
Ja! tænkte hun ved sig selv,
foran mig venter mange ensomme år.

KULDE

Al den kulde, der findes på jord
har gjort vore hjerter så kolde.
Vi mangler evnen til at bruge ord,
i frosttiden bli`r vi så golde.

Vi er som planter der går i dvale
kun forbundet med roden til alt.
Sol!, tø os op igen, lær os at tale,
hele vinteren vi på dig har kaldt!

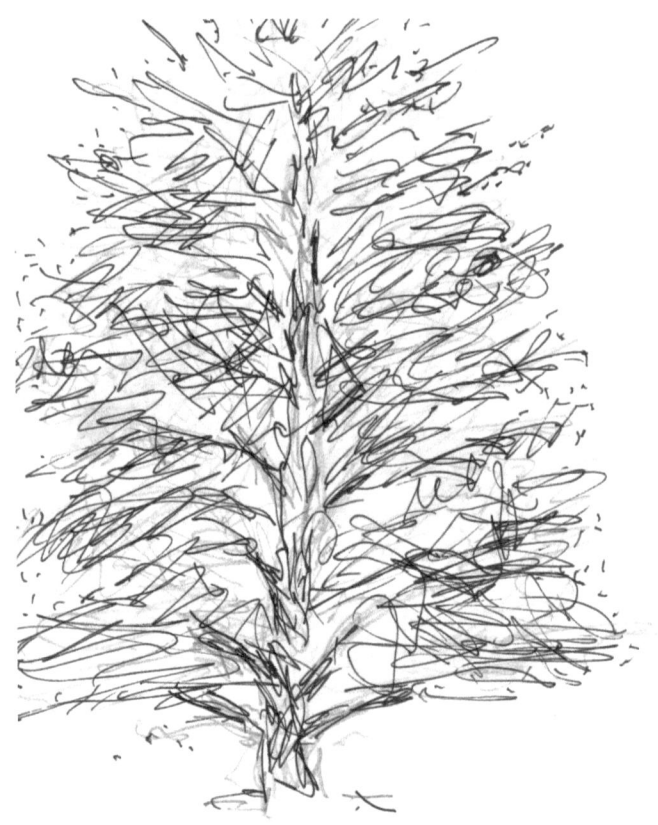

NATLIGT MØDE

Tålmodigt vandrer du ud i mørket
svævende på det vår grønne græs,
du spejler dig i duggens dråber,
dit hjerte higer efter et natligt gensyn
med en du aldrig tør møde i dagens lys

Din elskede gemmer sig i den klare dag anonym,
som gråspurven på det høje tag.
Jeres elskov er forbudt.
I er hver for sig bundet til et andet hjerte.
Skoven er jeres fristed,
HJERTERNES PARADIS.

DØDEN

Altid er du sikker
du har ret til alt,
du alene ved,
hvornår der bliver kaldt.

Bliver kaldt på os,
ingen i verden forstår,
vi som evigt
er alene år efter år.

Vi som ikke tør leve
og heller ikke tør dø,
ensomt bliver der kaldt,
uden at vi har sat frø

MULAT

Du er genstand for megen opmærksomhed
din hud er midt mellem sort og hvid
dit hår er kruset, og dine øjne
rummer sorg over menneskers ubetænksomhed

Hvor du end lever på jorden,
hvem du end taler og færdes med
er der altid i din nærhed
en, der ikke vil give dig fred.

Det er svært at være anderledes
og dog er du inderst inde som alle andre,
du er vores evigt dårlige samvittighed
med sorg i dit hjerte må du vandre.

Alle vi, der har et særpræg
og ikke er af den gængse art,
må bare følge med strømmen
som skuder, når vinden ta´r fart

Sådan har det altid været
fra skabelsens første dage.
En sand triumf for de stærke
at jage de små og svage.

DET ALDRIG GLEMTE

Syrentræets dejlige dufte
giver mig en umættelig længsel
efter fremmede kysters skønhed,
her føler jeg mig som i et fængsel

Hjælp mig bort herfra
du skæbne, giv mig besked
om fremmede landes lykke,
jeg trænger til kærlighed.

Den skal være ren
som det klareste vand på jord,
den skal være som solen der skinner,
som stjernen der lyser i nord.

Den skal være som det
jeg inderst inde kan fornemme
som en umættelig længsel
og aldrig helt kan glemme.

FORSAGELSEN

Ordets slave viljens lyst
drages dig mod dit bryst.
Forsyn dig ej mod livets lov,
glem dig selv din krops behov,
gem dig dybt i drømmens skov,
lev du der som om du sov
evigt nær i dødens rige.

VOR ONDE JORD

Vogt dig du menneske,
der tror på en lykkelig verden.
Læser du ikke aviser hver dag,
ser du ikke, hvad der står skrevet
med centimeter - tykke bogstaver?
Krig, hungersnød, ondskab -
alt det omgiver os
og dog fatter vi ingenting.
Vi lukker os inde i vor egen verden.
Vil ikke tage standpunkt,
vil ikke se sandheden i øjnene.
Vor jord er frugtbar og smuk,
men menneskene,
vi der befolker jorden er onde.

Hvornår træder vores skaber frem
og befrier os?
Bortskærer det onde i os - -
Og dog - -
Hvis det bli`r skåret væk,
er der så andet tilbage
end intetsigende kroppe
og ansigter med døde øjne?

DRØMMEN OM LYKKEN

Vær ganske stille, du min elskede.
Jeg drømmer om lykken
en lykke for to.
Så smuk, så smuk
som intet andet på jord.
Jeg gemmer hvert et smil
du gav mig i mit hjerte.
Jeg gemmer alle dine ord
både de gode og dem,
der gav mig smerte.
Jeg har en trang
til at omfavne dig
og hviske bønligt, mens smerten
i mit legeme spørger om du elsker mig.
Du, som jeg gav hele mig selv.
Vil vores kærlighed altid bestå
eller vil den en dag holde op
så pludseligt som den kom?
Elskede, ræk mig din hånd!
Det er det, jeg vil spørge dig om -

ITALIEN

Jeg elsker havet og vindenes brise
Jeg nyder naturen og dyrenes liv,
hvor kunne jeg råbe og beåndet prise
bjergskråningens grønklædte skønne motiv.

Italien er landet. Oh himmel
hvor alt skønt er samlet på jord,
når jeg tænker bliver jeg ganske svimmel
hvor er jordens skønhed dog stor.

BUDAPEST

Buda er alvor -
Pest til fest
Hvor vil jeg være?
Hvor er der bedst?

Buda har vindblæste høje -
Pest musik - hvor man
kan leve livet
danse og støje
Hvad skal jeg vælge
Buda eller Pest?

Det er som at vælge
mellem bil eller hest.
Enhedens Budapest
er et alternativ.
Der får man lettest
et dobbeltliv.

GRÆKENLAND!

Afrodite - Kærlighedens gudinde -
på land skabte du mand og kvinde.
Åh - Grækenland med de mange skønne øer,
som folk fra mange lande med glæde besøger

Du giver os sol, sundhed og energi,
og en kulør, som vi alle godt kan li`.
Her findes stolte traditioner - alle steder.
Musikkens mirakel dens toner os glæder.

Svimlende højder - smukke lunde
duftende buske høje og runde.
Skønheden rusker i hver en nerve.
Turister her er nemme at hverve.
Liv om dagen - liv om natten.

Dyrene omkring os - især hunden og katten.
Hvad mon de tænker når vi går omkring,
er de nervøse - er de på spring.
Håber de på en smule føde,
en enkelt krumme - så er de knapt så døde.

Har de en sjæl vi ikke forstår.

Tænk at leve sådan år efter år.

Vi rejser hjem med megen glæde,

medens hunden og katten intet har at æde.

Sådan er vilkårene her på jord.

Glæden er smuk - sorgen stor.

Grækenland - vidunderlige sted.

Her får sindet virkelig fred,

værn om dine skønne værdier

sagt af en mand som nu tier.

THAILAND

Thailand er landet
hvor Buddha er Gud.
Solen miraklet, dens stråler
går aldrig ud.

Thailand er skabt
af en kunstners hånd.
Her er både skønhed
charme og ånd.

Thailand, turisters mål
rummer en nervemættet fred.
Træd varsomt gæst
gør ikke landet fortræd.

HVOR ER DU

Aldrig vil jeg glemme
den første dag jeg så dig.
Du kom mig bedrøvet i møde
uskyldig, ung og bleg.

Dit ansigt var som rosen,
når den står i fuldeste flor,
Du var i hele din person
den skønneste skabning på jord.

Jeg fik den lykke at eje dig
en eneste stjerneklar nat,
siden forlod du mig, du kære.
Hvor er du i verden min elskede?

VIOLINPIGEN

Hun optræder på enhver café.
Hun spiller med den skønneste glød.
Ingen vil høre, ingen vil se.
Hun lider den største nød.

Hver dag går hun på gader og stræder,
Hun begyndte så godt, som vidunderbarn.
Hendes hjerte bløder nu og græder.
Folk kalder hende for det værste skarn.

Hendes ansigt er træt og furet
og hærget af skuffelser og nød.
Med violinen har hun turet.
Men ønskede ofte hun var død.

Hun blev ikke det folk havde ventet,
hun blev alt det forældrene kunne frygte:
et miskendt geni -
på trods af sit rygte. -

FRED

Stille, verden venter på fred.
Alle er trætte af den evige uro.
Den evige kiv og strid,
som omkranser os overalt,
hvor vores øjne hviler.

Fred ønsker vi, fred og skønhed,
leve i fordragelighed og nyde de sande værdier;
Bjergenes højder, den evige sol
og livet i skønhed, som børn oplever den
på en forårsglad dag.

Åh, hvor ville jeg gerne være barn igen
og se alting med friske og nye øjne.
En verden fuld af godhed
regeret af mennesker,
som kunne mødes og blive enige.

Hvis vi mennesker skal genskabes
så udelad vor hadefulde egenskaber;
Misundelse, magtsyge og skadefryd.
Lad os fødes så rene som Gud skabte os.
Åh verden, da ville du blive fredelig og værd at leve i.

Drømmen har jeg stedse i mig gennem livet. -
Drømmen om Paradis!

Troskyldigheden?

Troskyldigheden kaldte de dig
Du barn af det 20. århundrede.
De vidste ikke, at der
bag dine drømmende øjne
gemte sig tårer som ingen fik at se.
Fra barnsben lærte du smilets kunst.

Det smil der kan gennembryde mure
og bygge broer til forsoningens fest.
At dække dig bag en maske lærte du også,
så godt som skuespilleren på scenen -
og aldrig give for meget af dig selv -
højst det halve hjerte - ikke mere;

Det var den evigt gentagne ordre.
Det hele ville blive for meget –.
Ak, vi levende mennesker
er som marionetter
- aldrig helt os selv, men bestandig
dirigeret af en usynlig magt - .

Så når` du engang når ind til mit sande jeg
skal du ikke spørge, hvorfor jeg græder,
se hellere på mine øjne
(*de smiler*)

OPUS 1

Så længe vi følges den samme vej
ind i den fremmede verden
har vi intet at frygte.
Du og jeg skal sammen se
eventyrets rige, kærlighedens Paradis,
evighedens skønne lys.

Gå det må vi, hånd i hånd
ind i nattens mørke,
med en usigelig glæde i vore sind
møder vi nattens stjerner.
Følges det kan vi på livets vej,
blot fordi jeg elsker dig.

OPUS 2

Vinterens kulde slår mig i ansigtet
som is på en rude er livet,
set med mine øjne
intet af det mit sind opsumerer, er virkeligt.
Altid skal jeg gå med frost i hjertet
ensom og bange.
Tænk, hvis solens stråler
kunne tø mit hjerte op. -

Hvem er du der
skabte varme og kulde?
Hvem er du der skabte altet?
Hvem gav mig sindets ensomme gæst?
Hvornår kan jeg forstå
virkeligheden umiddelbart?
Hjerte, åh mit hjerte
hvor er det tungt at bære på .

OPUS 3

Jeg lever poesifyldte dage
I tonernes drømmende leg.
Jeg er i solskinnets stråler
I kærlighedslykke hos dig

Den angst jeg følte engang
er blevet lille og bleg.
Min lykke mødte jeg først
da du slog dig ned hos mig.

Nu har jeg intet at frygte
min sti på jorden er min!
Nu skal vi flyve og synge.
Nu ved jeg, at jeg er din!

OPUS 4

Jeg er sat på jorden for at leve livet,
men hvor mange af os forstår,
livets mangfoldige nuancer.

Helt ind i den inderste kerne,
er de fleste af os blinde,
for det der virkelig har værdi.

Rigdom og magt - er det lykke?
Måske for nogle - men ikke for mig.
Jeg vil hellere sidde alene en nat
og følge en enlig stjerne.

Hvem lever rigtigt?
Gør du - Gør jeg?

SPØRGSMÅL

Hvem er lykkelig på jorden?
Hvem er glad for at være til?
Ingen, tror jeg, kender livets mening,
dens inderste tone er os altid ubekendt.

Borte i mørket er vores tanker og ønsker,
usynlige for menneskers blikke.
Inderst inde i ingentings kerne
tror jeg tråden findes.

Åbenbarelsen af livets stjerne,
flodens lindrende trøst og evighedens
fastslåede erkendelse.
Finder vi den når vi frem til
forklarelsens frelse.

SVAR

I dit ansigt er det øjnene jeg elsker
Dine øjne er som livet kunne være
fulde af godhed.
Liv du har meget at lære.

Flydende i søen ligger de ting
mennesket engang har ejet
værdier uden nytte.

Vindene byder, søen kræver
alle tror de ejer alt.
Men intet er ingens
og alt er alles.

Luften over vandet kan dårligt ånde.
Forskræmte er søens naboer.
Sivene sukker og klager.
Overalt banker grådigheden på - .

En enlig tudse øjner det hele
og forstår at verden er ond.

Ordet?

Ordet lå på bladet
Det lo mig i møde

Ordet - stort og voldsomt
prøvede at få mig omvendt.
Det lykkedes ikke!
Ordet lå og døde

Ord

Disse ord jeg ordner i system
er ikke ord.
Det er fremmede ting,
som formørker mit liv.
De taler til mig.
Forstår jeg, hvad de siger?

POETEN

Du drømmer dig en verden,
hvor jorden er skøn.
Du fyldes af en tanke
vidunderlig og ren - .

Du har troen på at
det nytter at være til
at være en lille del
i det store spil.

Din skæbne er sælsom og stor,
en mærkelig vej
skal du følge
i ensomhed.

Din største glæde
skal du møde alene.
Din digter-sjæl skal
give verden en rigdom.
En rigdom mennesket
kan leve videre på.

Livet er værd at leve

Det er udmærket du fortæller mig
at livet er værd at leve.

Det er pænt af dig at gøre mig opmærksom på,
at der findes mange fælder i verden.

Helt i sin orden er det,
at du åbner mine øjne
for naturens skønhed.

Men én ting har du aldrig berørt;
Nemlig den manglende kontakt og ømhed.
Kulden der ødelægger livets få år.

Hvorfor kan ingen fortrænge kulden?
Findes der ingen varme?
Jeg nægter at tro, at livet kan være
så følelseskoldt.

Tonerne fylder

Tonerne fylder mit hjerte.
Min glæde vil sprænge hver sang.
Jeg hører pulsslaget banke og tænker
på livets vekslende gang.

Jeg fyldes af ukendte toner,
som langsomt glider ind
I hjertets regioner,
som lever i glædens ukendte sind.

Så stille, så fint og så dæmpet,
er jeg nu i en strøm.
Ikke mere den kendte - en fremmed,
Jeg lever i en drøm.

Døden er i mig

Når det sidste blad falder af træerne
er mit liv forbi.

Jeg hører efterårsstormen i mit hjerte
vinterens tungsind er nær.

Døden har allerede kaldt på mig.
Døden er i mig.

En betydningsfuld person

I spotter mig i det stille alle sammen,
ynker mig med en stille overlegenhed,
som jeg opfatter stærkere end I tror

I må forstå, at jeg gerne vil være som jer,
men mit indre går mig imod.
Jeg kan ikke tage hver dag som en leg,
men som en håbløs bjergbestigning,
altid nærmere bundens mørke end toppens lys.

Jeg må hærde mig, gå gennem årenes skiften
med et ansigt der spejler et dødt liv.
Forstå mig, bring mig varme,
I der ejer rigdomme af kræfter,
når jeg først er død, er det for sent.
Det er i livet jeg har brug for menneskers forståelse.

Mennesket kan leve i tusinde af dage
uanset alder. Men mærkeligt er det -,
i døden får alle pludselig betydning,
gravskriften bliver så pæn.

Åh, I mennesker, det er så nemt
at simulere en sorg og bringe videre,
hvor betydningsfuld en person vedkommende var.
Hvorfor ikke gøre det i livet? - Hvorfor?

Rettens øverste herre

Naturligvis har du ret
du rettens øverste herre,
hvor må du føle dig stor og stærk,

Tænk at have så megen ånd.
Hvor kunne du, hvis du selv ville
berige menneskene med megen skønhed.

Men du vil ikke,
dine tanker kredser kun om dig selv.
I dig selv har du nok.

Så megen rigdom til ingen nytte.
Du burde skamme Dig!

Stenen

Stenen på vejen flytter sig ikke,
den ligger død hen for mange menneskers blikke,
men den har et liv tror jeg.

I tusinde af år har den gennemlevet
vinterens kolde sorg
og sommerens varme glæde.

Åh sten på vejen, gid jeg var dig.
Blot vi kunne bytte sjæl
for en kort stund.

Tænk at få lov til at rumme så
mange minder og bruge dem
vildt og inderligt.

Tænk at blive rolig og stille som du.
Være sig selv.
Eet med *altet*.

Jeg spørger?
Hvor mange år skal der gå
før jeg får samme fred?

ORD I SYSTEM

Disse ord jeg ordner i system er ikke ord,
det er fremmede ting, som formørker mit liv.
De taler til mig med omvendte tunger.

Ordet lå og døde

Ordet lå på bladet,
det lo mig i møde.
Ordet - stort og voldsomt
prøvede på at få mig omvendt.
Det lykkedes ikke.

LIVETS GÅDE

Skoven var høstlig grøn
og jorden tung af væde.
Drømmeløs gik jeg omkring
med øjne uden glæde.

Verden var stor og vild.
Mit liv var uden nåde.
Hvorfor jeg til *Jorden* kom?
Er mig en evig gåde.

DRØM

Luften er tynget af tårer.
Solen har brændt alt liv.
Jorden forstod det ikke
gemte sig bag et usynligt siv.

Omme bag tæppet er intet.
Døden har indhentet alt.
Flammerne fortæret det meste
det smagte af blod og salt.

Og livet græd som pisket.
Skyen var tør som strå.
Jeg rejste mig af drømmen
og kunne intet forstå.

DET EVIGE

Efterårsstormen raser,
alt er koldt og forladt.
Jorden græder en smule,
solen døde i nat.

Tidens rastløse jagen
ejer forladthedens magt.
Viserne på uret drejer,
altid er den på vagt.

Uanede mængder af døde
ligger på vejene hen.
De døde ensomme og bange
fra kone, børn og ven.

Ensomhedsfølelsen vælder
op i et ukendt sind.
Tavsheden er på jorden,
en tåre dør på min kind.

Atter og atter det samme
dage og året rundt.
Hvornår smiler min skaber.
Hvornår bliver lykken os forundt?

BEDRØVET

Jeg er så bedrøvet.
Ting mine øjne ser
forstår jeg ikke.

Mine øjne forfærdes
over dagens bedrøvelighed.
Som en syl igennem mit sind,
går tankerne frem og tilbage.
Tankernes håbløshed over livets
uvirkelige verden.

Forrådnelsen af smukke ord
som aldrig kommer over
menneskets læber.
Samhørighedens fallit
menneskets evige ensomhed.

Mine hænder strækker ud efter jer,
men ingen øjne fanger deres søgen.
Hænderne falder - Bølger slår op -
Atter en dag fuldt af mørke og tårer.

LIVETS SANDHED

Måske finder jeg frem
til *Livets sandhed*
før jeg dør.
Den sandhed der gør
døden begribelig.

NATTESTILHED

Din ånde mod min mund
Din mund mod min ånde.
Nattestilhed.
Kærlighedslykke.

ORDSYMFONI

Ord sættes sammen
til smuk poesi.
Følger hinanden i en dans
en ordsymfoni.
Sætningerne siger det de skal.
En velskabt melodi.

DET VAR MÅSKE EN DRØM

Stemmerne klager
deres lyde er altid i mig - befri os - hjælp os.
Åh hvilken smerte.

Nedfaldne lyde,
ingentings fald. Bønfalder livet
om nådens øjeblikke.

Synge vil de stakler -
de kalder sig duggens børn.
Luk os atter ud i dagen, råber de.

Vore hjerter er varme
som brændende bål.
Håbet er klædt i grønt
og en søjle har rejst sig
af støvets intet.

Nådens ansigt
anes i røgen.
Måske er
frelsen nær.

DØDEN PÅ BESØG

Jeg så deres øjne lukkede var de
som stjerner uden lys.

Vinden blæste hastigt og koldt
ansigternes liv var borte, som stene så de ud.

Ingen frelse var der
døden var allerede på besøg.

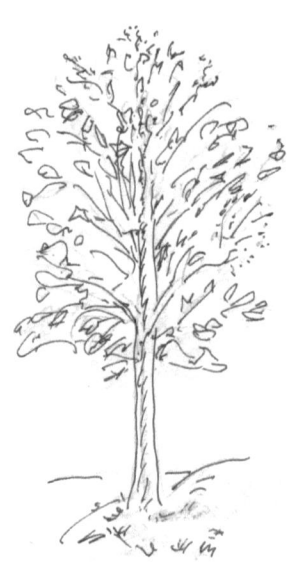

TÆRSKLEN TIL DØDENS RIGE

Jeg så det straks i deres furede ansigter.
De havde levet et liv jeg ingen
forudsætning havde for at forstå.

Striber af sorg lå gemt i deres rynker.
hændernes benethed skreg mig i møde.
Tænk, al den død de har set.

Mit spørgsmål er?
Hvordan kan man leve videre,
når man har stået på tærsklen til dødens rige

I der overlevede: *Jeg elsker Jer*.

DEN STILLE HUMOR

En stille dag, en dejlig dag
gik jeg mig en tur
uden at se, uden at ta`
notits af nogen, der var sur`,
gik jeg og lo, smilte og så
på dem, der gloede derpå.

Himlen den var dejlig blå
med slet ingen skyer på.
Ih, hvor var jeg altså glad.
En pige spurgte, om vi skulle følges ad.
Jeg nikkede og sagde jah`,
så gav hun mig et kys og jeg sagde ah´

————-

Senere fulgte jeg hende hjem.
Den nat vil jeg aldrig glem`

STAKKELS UNGDOM

Jeg er en dreng, kun fjorten år,
men ligner en på atten.
Jeg er hvad man kalder fra gode kår
og elsker piger om natten.

Min far og mor, min søster og bror`,
de bruger imod mig store ord.
De siger jeg skal vente med at gå i seng med piger
til jeg virkelig ved besked
med erotik og kærlighed.

Så er det jeg spør` på ære,
hvorfor skal jeg holde op,
når jeg ikke kan la`være

ÅH DEN KÆRLIGHED

Hvad er egentlig kærlighed.

Det er der ingen der rigtigt ved.

Hvordan kan det være

når to unge mødes.

Han og hun

i en lille lund

at der straks fødes

en inderlig lyst

til en kærlighedsdyst.

Hvad kan der ske, når to er ene?

Nu skal vi høre hvad jomfruerne vil mene:

Dem der aldrig kærligheden har villet møde,

for det de tit har måttet bøde.

De siger en smule desorienteret,

at kærligheden aldrig dem har interesseret.

Men, - siger de, det er konstateret

at når unge de mødes

9 måneder efter et barn der fødes.

Lad kun jomfruerne sige hvad de vil,

hvad tror de da kærligheden ellers er til.

LÆG JER DET BAG ØRET

Siddende i en dejlig jaguar sagde jeg farvel til min far
håber snart at du mig ser, hvis der ingen ulykke sker.
Nej, men fy dog, sagde min fader
pas kun på i de trafikerede gader
lov mig, at du ikke ser efter piger.
Man kan aldrig tro på, hvad de siger.
De tænker kun på kællingepjat
lov mig det - min lille *skat.*

Faderen hørte suset
og så at bilen kørte ind i nabohuset.
Der lød et brag og bilen var blevet til et vrag.
Faderen aldrig sønnen siden så,
men det blæste han da bare på,
for sønnen havde masser af penge,
og dem arvede nu den gamle,
for han var kun ude på at samle
Penge, lige så længe han levede.

Men først, når han var kommet i helvede,
hvor ingen penge noget betød,
da kunne han ikke købe fri sin sjæl,
men måtte den i stedet i djævelens hænder udhæld`.
Jah, sådan kan det gå, når man ikke på
andet end penge tænker på.

Efterskrift

Kjeld Erik Schaub

Født 13/8 - 1941 i København. Bosat i Allerød siden 1966.
Har altid interesseret sig for litteratur og teater.
Er uddannet indenfor handel i 1958-64,
revisoruddannet 1964-68 og
skuespilleruddannet 1968-70.

Arbejdet med handicappede børn gennem mange år.
Ansat på *Det kongelige Teater* fra 1974 som statist -
skuespiller, tilsynsførende for børn, underviser m.v.
Skuespilopgaver på *Teatret bag Kroen* fra 1989 til 2002.
Opgaver på TV - film - radio - indlæsning m.v.